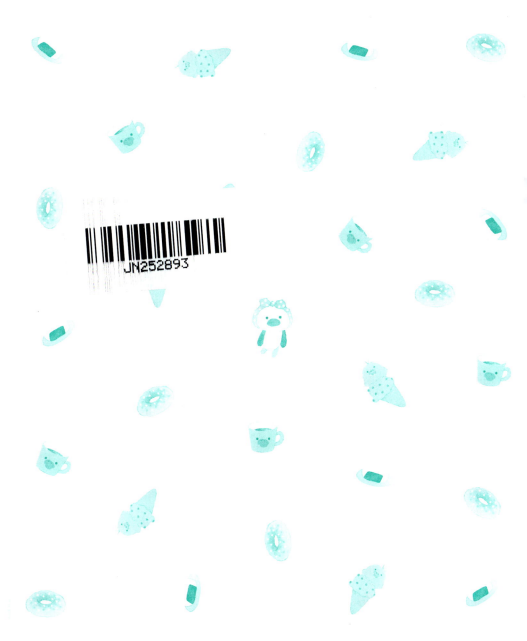

リラックマ
いつもいます

コンドウ アキ

この本のよみかた

そばに置いて、好きなときに
好きなページを開きましょう。
もちろんはじめから読んでも大丈夫です。

ページを開くと、リラックマたちがいます。
いつでも、どこでも、
なんどでも、リラックマたちに
会うことができますよ。

ゴールのない スタートは
ありません

まず　わらってみましょう

あけてみないと分かりませんよ

シロアン!!
エッ

無言抵抗主義

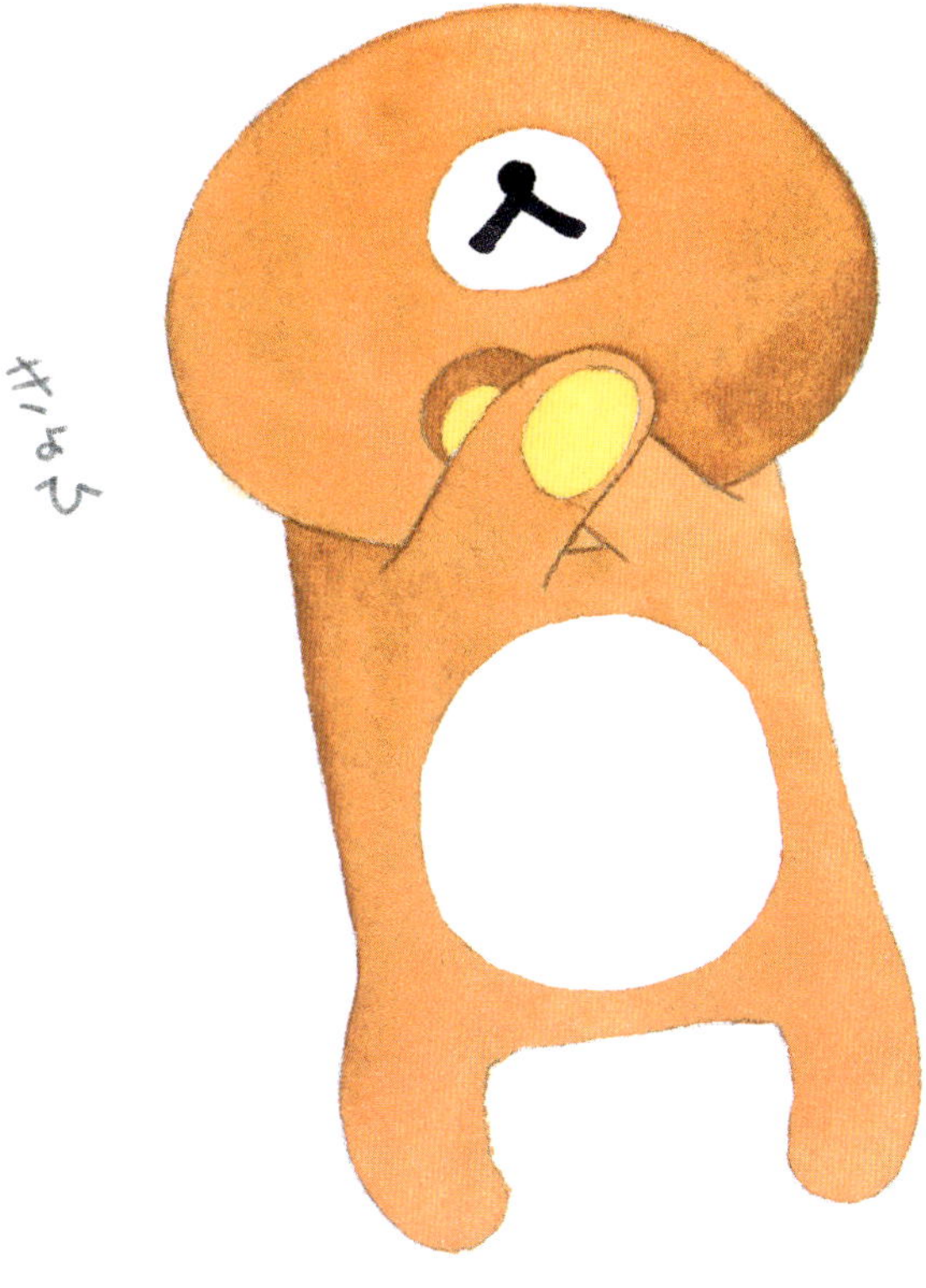
きゅう

分かってくれるヒトはいます

イイ…

つくられた道を歩かなくても
いいんです

いつだって一緒にいるのは自分

ヘイワなキモチで
ヘイワなじかんを

気がつけば　できていることも
ありますよね

ヒビ
セイチョウ

縁があれば　なんどだって
つながります

泣きたいキモチに
子どもも大人もありません

イイコトも　ワルイコトも
たいがいいいきなり

ズボ

なにを見るかは自分しだいですね

わほー
ウシロ
ウシロ

おきもちが
うれしいじゃないですか

アアッ

つかれているとかなしさが
ふえちゃいますから

まずは
休むのです…

ときどき出しましょう

キモチは
出さないと
みえませんよ

忘れられないときは
すみに置いておけばいいんです

ココロノ
カタスミニ
マンパイ…

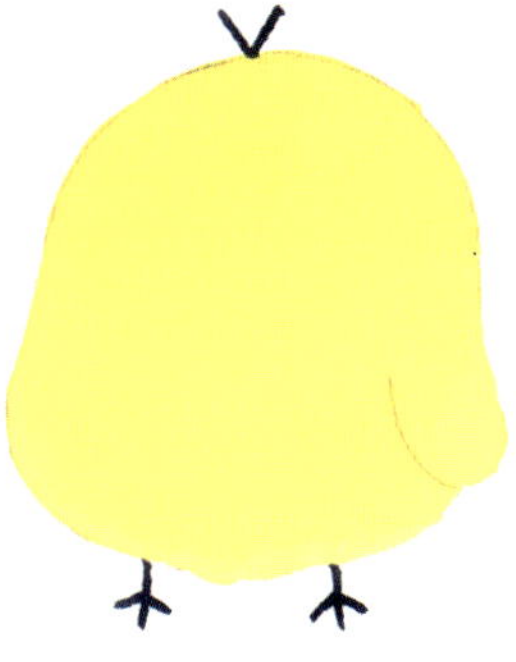

カタチは自分でつくるんです

こんなかたち
どっしり…
つくりましたっけ…

ほしゅうも必要です

ナガク
ツキアウニハ

近くても見つからないこともあります

なにも考えていません

あたまにもお休み
あげないと…

われをわすれる幸せ

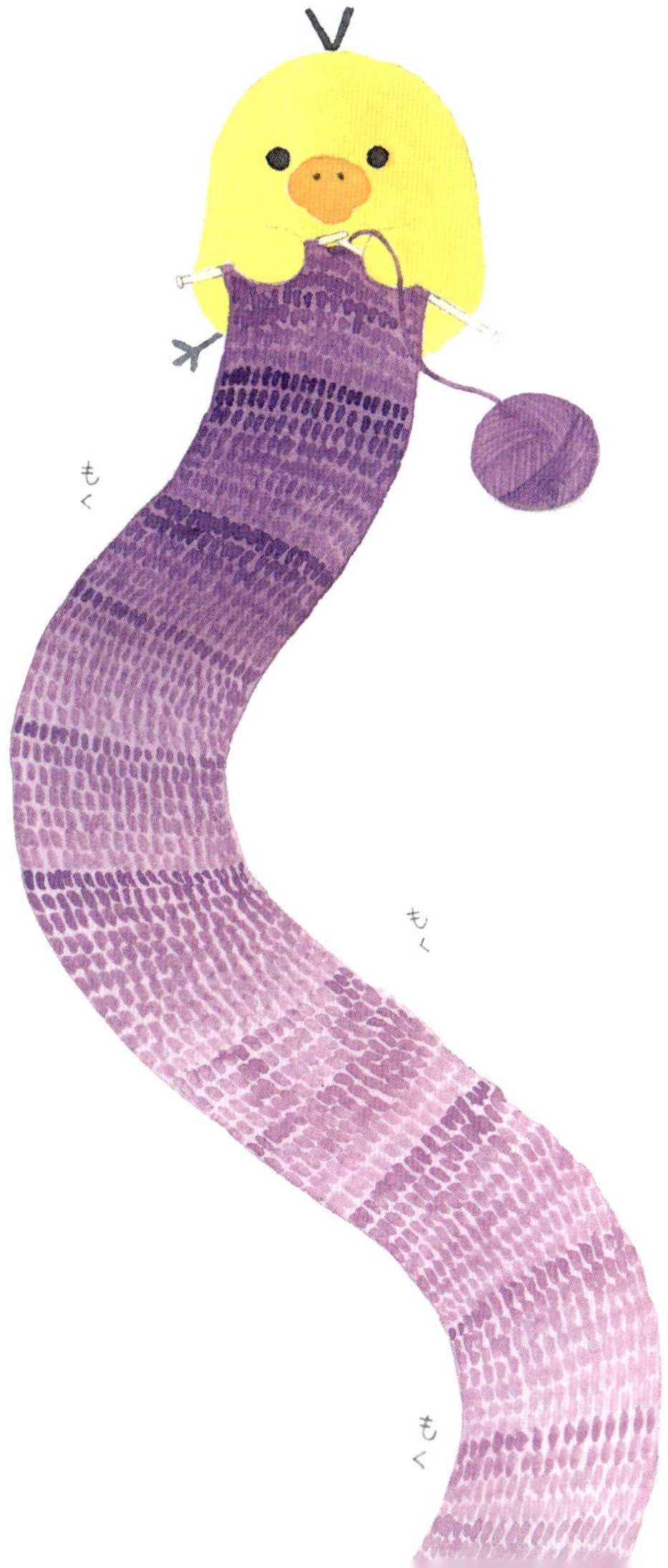
もく
もく
もく

手ばなすから　新たなものを
つかめるんです

口に
入れてください…

寝よう 寝よう

いくつになっても
はじめてはあります

ギョエ〜

いそぐから　みえるものも　ある
いそがないから　みえるものも　ある

自分だけのかくれが

えっ

分からないことのほうが
多いものです

ナンデニホンナノカシラ・・

時間がたてば 楽しかったことも
思い出せます

いいきよりを　さがすんです

プニ
プニ

ココロが目をつむっているだけです

ゼンブ
ウマク
イカナイ

そっとしておくのも
やさしさです

コテ…

つくれないときは
もらえばいいんです

ゲンキデルナア・・・

前もって分からないこと
だらけです

まさか
こんなに

どんな風にみえるかは
自分しだいです

まかせてみるのも
いいものです

ザンシン…

元気は出すものじゃないんです
徐々に出てくるものです

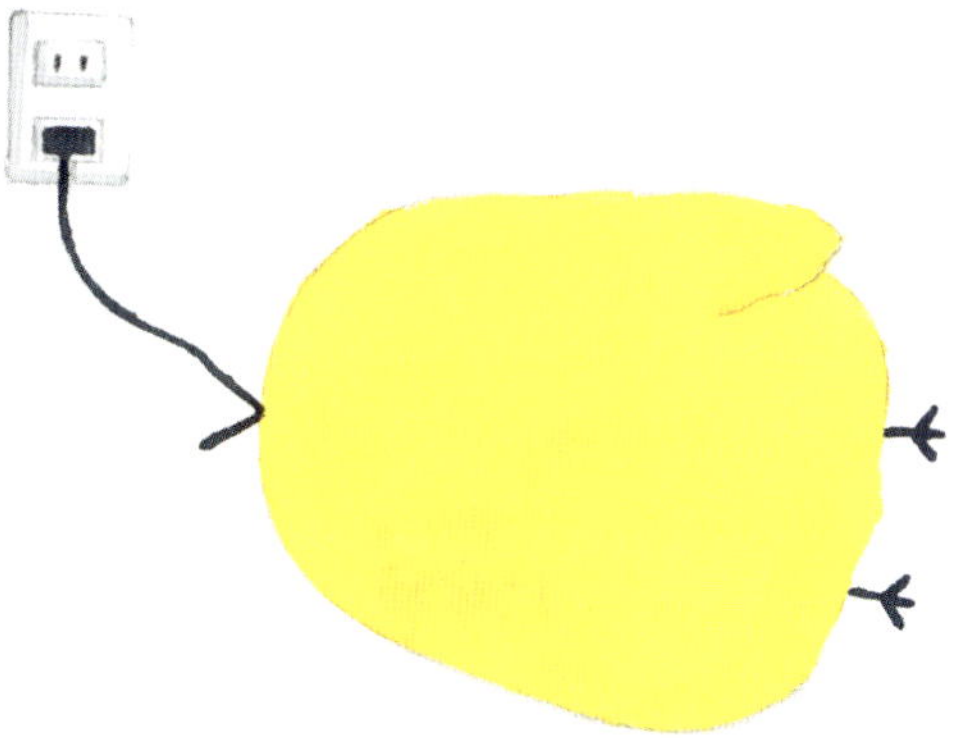

スキの数だけ　にっこりがある

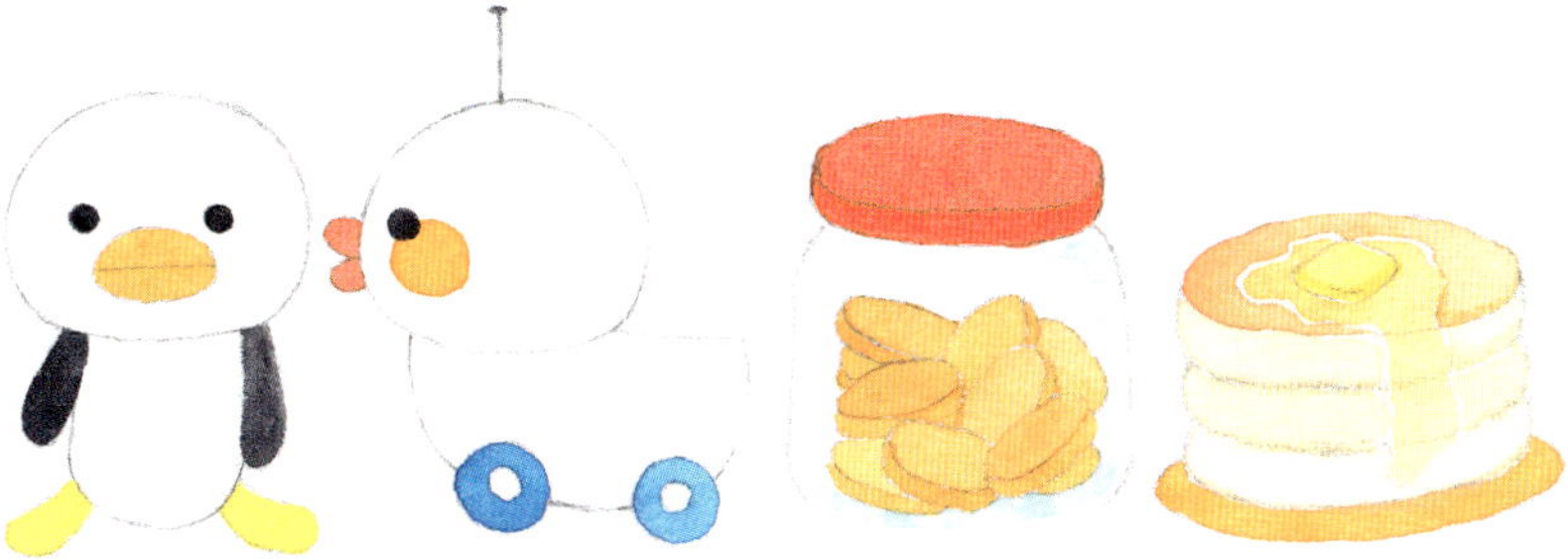

ケンカがあるから
なかなおりがある

がんばったから休むんです

ナニ
ガンバッタノ
ねるのを…

たまにおこるのも
わるくありません

もたん…

ためこむのは
カラダに毒ですよ…

どうしようもないときは
はなれるんです

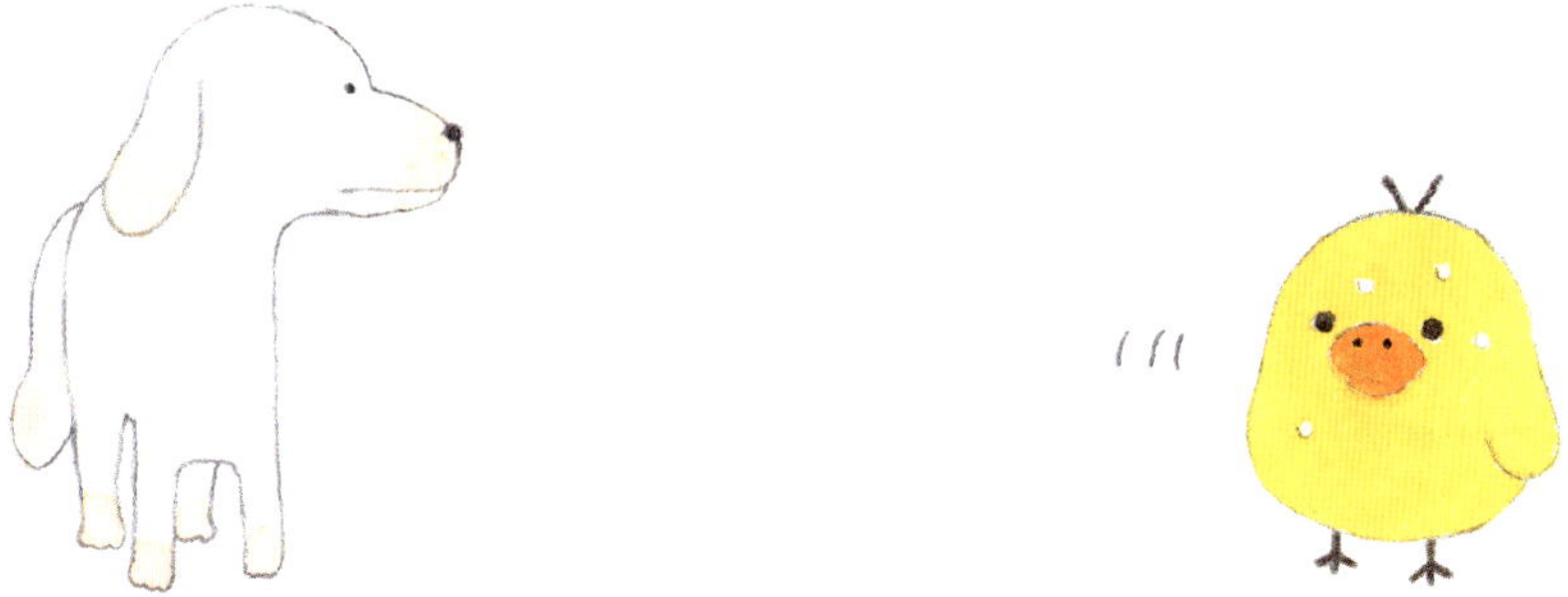

結果を気にしていたら
はじめられません

ケガする気が
します・・・

届かないものもある

はねをのばしましょう

ア

とほうにくれる日もありますよ

モウ キョウハ
ダメダ…
そのうち日も
くれますよ…

みえてなくても
がんばっています

こう見えて
消化がんばってます…

分からないことは
分からないでもいい

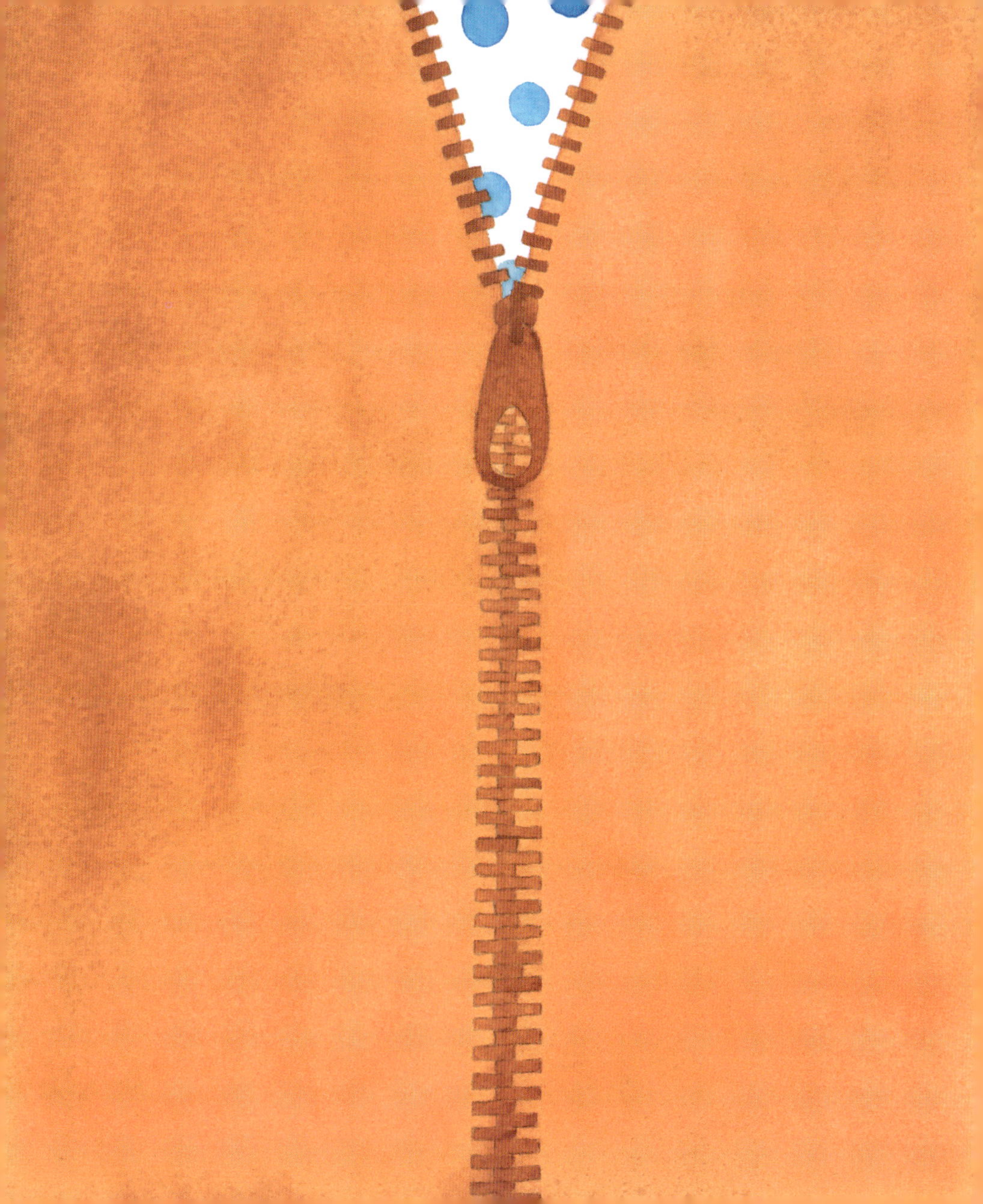

おれても咲くことは
あります

いっぱいお待たせするの
わるいじゃないですか

おまたせ
ふとん…
いそ
いそ

大事な思い出は　あなたから
いなくなったりしません

キナイデミヨ

くもがでて
雨がふって
そして晴れます

だれかと一緒にいるから
笑ったりおこったり

ありがとう
（アリガトウ）

リラックマ
いつもいます

絵と文　コンドウ アキ

編集人　殿塚郁夫
発行人　永田智之
発　行　株式会社　主婦と生活社
〒104-8357　東京都中央区京橋 3-5-7
編　集　電話　03-3563-5133
販　売　電話　03-3563-5121
生　産　電話　03-3563-5125
ホームページ　http://www.shufu.co.jp
印刷・製本　図書印刷株式会社

コンドウアキ HP　http://www.akibako.jp/
SAN-X HP　http://www.san-x.co.jp/

装丁　コムギコデザイン

Printed in Japan　ISBN978-4-391-14954-8　C0076